Impressum
Verlag: BABADADA GmbH, Nedderfeld 112 , 22529 Hamburg
Geschäftsführer / Verlagsleitung: Harald Hof
Druck: Books on Demand GmbH, In de Tarpen 42, 22848 Norderstedt

Imprint
Publisher: BABADADA GmbH, Nedderfeld 112 , 22529 Hamburg, Germany
Managing Director / Publishing direction: Harald Hof
Print: Books on Demand GmbH, In de Tarpen 42, 22848 Norderstedt

school

sekolo

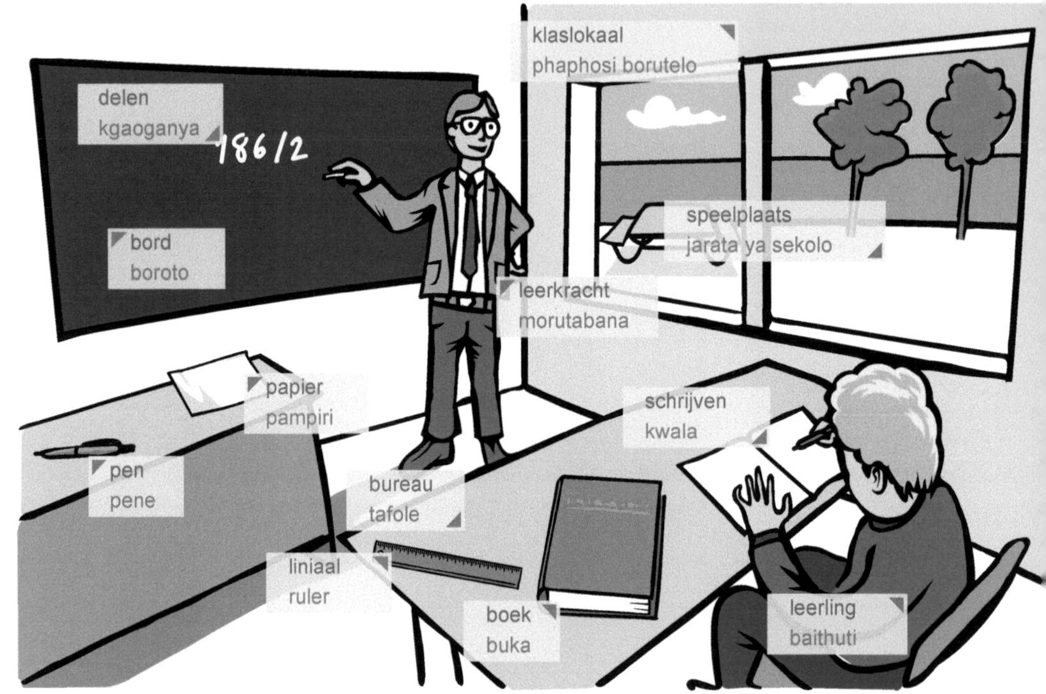
klaslokaal
phaphosi borutelo
delen
kgaoganya
186/2
bord
boroto
speelplaats
jarata ya sekolo
leerkracht
morutabana
papier
pampiri
schrijven
kwala
pen
pene
bureau
tafole
liniaal
ruler
boek
buka
leerling
baithuti

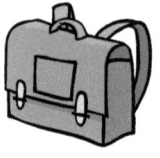

schooltas
kgetsana ya dibuka

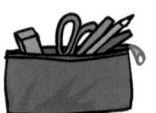

pennenzak
setsenya dipensele

potlood
pensele

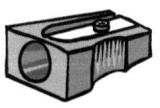

puntenslijper
seseta pensele

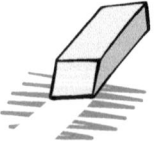

gom
sephimola

tekenblok
boto ya go torowa

tekening

torowa

verfborstel

boratšhe jwa pente

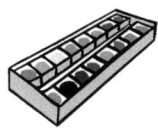

verfdoos

bokose ya pente

schaar

dikere

lijm

sekgomaretsi

werkboek

buka ya go kwalela

huiswerk

tirogae

nummer

palo

optellen

tlhakanya

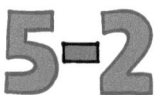

aftrekken

kgaoganya

vermenigvuldigen

atisa

rekenen

khalkhuleitara

letter

lekwalo

ABCDEFG
HIJKLMN
OPQRSTU
VWXYZ

alfabet

alfabete

woord

lefoko

tekst

mafoko

Lezen

bala

krijt

choko

les

thuto

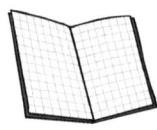

klassenboek

rejistara

examen

tlhatlhobo

certificaat

setifikeiti

schooluniform

diaparo tsa sekolo

onderwijs

thuto

encyclopedie

encyclopedia

universiteit

unibesithi

microscoop

mikoroskoupo

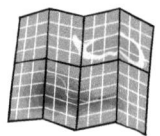

kaart

mmepe

papiermand

moteme wa dipampiri

reis
eta

hotel
hotele
Grand
jeugdherberg
hosetele
ROOMS
wisselkantoor
kantoro ya go fetola madi
koffer
sutukeisi
auto
sejanaga

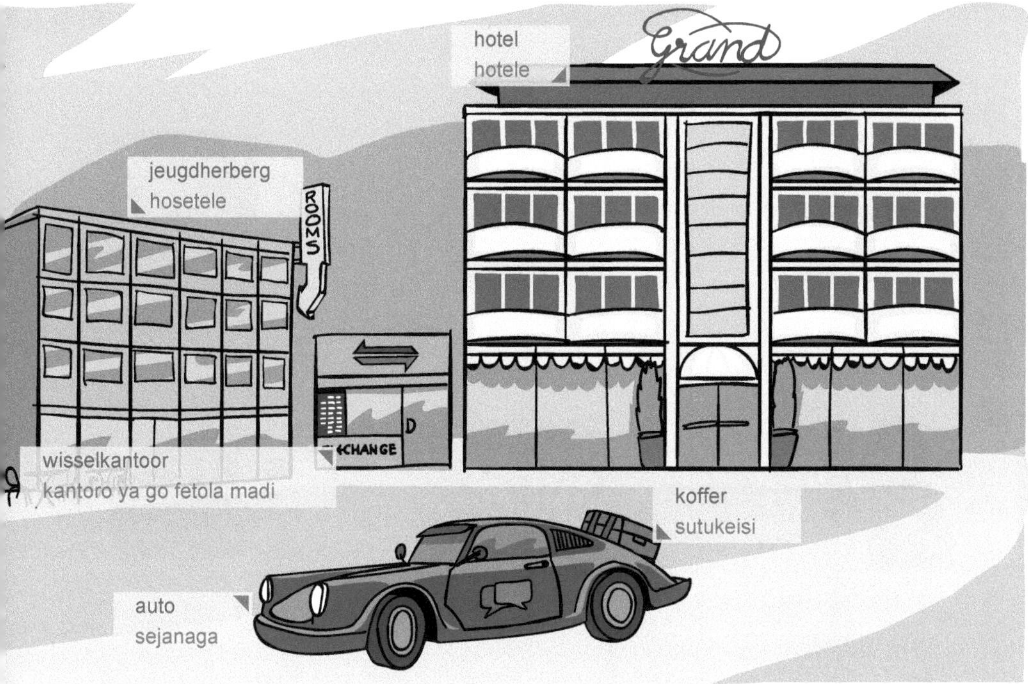

Taal
puo

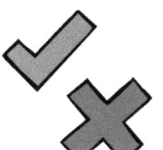

ja / nee
ee / nnyaa

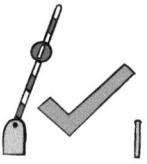

oké
Go siame

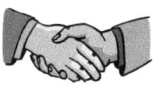

hallo
dumela

vertaler
moranodi

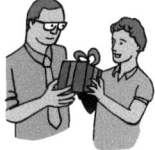

bedankt
Ke a leboga

Hoeveel kost …?

ke bokae…?

Ik begrijp het niet

ga ke tlhaloganye

probleem

bothata

Goedenavond!

O itumelele bosigo!

Goedemorgen!

Dumela!

Goedenavond!

Robala Sentle!

Tot ziens

tsamaya sentle

richting

tsela

bagage

dithoto

zak

kgetsi

rugzak

kgetsi

gast

moeng

kamer

phaposi

slaapzak

kgetsana ya go robalela

tent

mogope

toeristeninformatie

tshedimosetso ya mojanala

strand

lewatle

kredietkaart

karata ya go tsaya sekoloto

ontbijt

sefitlholo

lunch

dijo tsa motshegare

avondeten

dijo tsa maitsiboa

ticket

tekete

lift

lifiti

postzegel

setempe

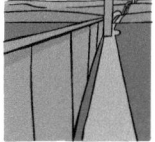

grens

bodara

douane

dingwao

ambassade

embassy

visum

visa

paspoort

lokwalo itshupo

transport
sepalangwa

vliegtuig
sefofane

schip
sekepe

brandweerwagen
enjene ya molelo

bus
bese

vrachtwagen
koloi

motorboot
koloi ya metsi

fiets
sekuta

auto
sejanaga

veerboot
feri

boot
sekepe

motor
sethuthuthu

politiewagen
sejanaga sa mapodisa

racewagen
sejanaga sa lobelo

huurauto
sejanaga se se hirilweng

8   transport - sepalangwa

carpoolen

aroganya sejanaga

sleepwagen

koloi e e gogang dikoloi tse di robegileng

vuilniswagen

koloi e e tsayang matlakala

motor

koloi

benzine

lookwane

benzinestation

seteišhene sa lookwane

verkeersbord

letshwao la pharakano

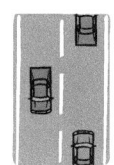

verkeer

pharakano

file

pharakano

parkeerplaats

lefelo la go emisa koloi

station

seteišhene sa terena

sporen

mela

trein

terena

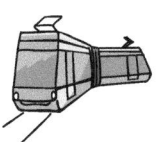

tram

tereme

wagon

kolotsana

helikopter

sefofane

luchthaven

boemeladifofane

toren

tora

passagier

mopalami

container

sekhafothini

karton

bokoso

kar

karaki

mand

basekete

opstijgen / landen

go tsamaya / go fitlha

stad

toropo

dorp

motse

stadscentrum

legare la teropo

huis

ntlo

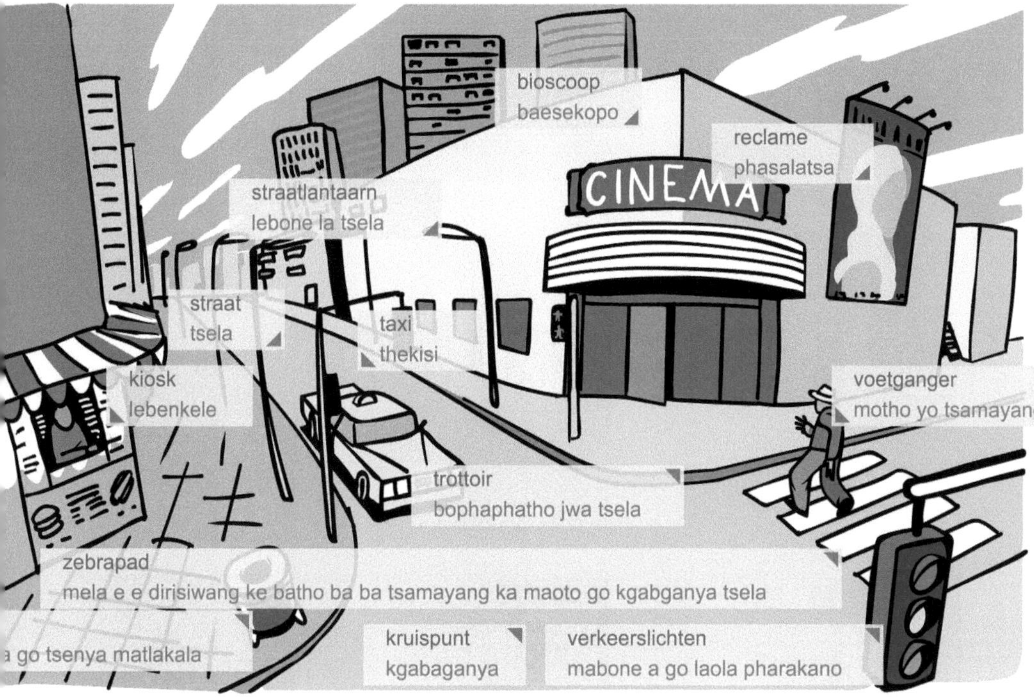

bioscoop
baesekopo

reclame
phasalatsa

straatlantaarn
lebone la tsela

straat
tsela

taxi
thekisi

kiosk
lebenkele

voetganger
motho yo tsamayang

CINEMA

trottoir
bophaphatho jwa tsela

zebrapad
mela e e dirisiwang ke batho ba ba tsamayang ka maoto go kgabganya tsela

a go tsenya matlakala

kruispunt
kgabaganya

verkeerslichten
mabone a go laola pharakano

hut

ntlo e e ruletseng ka bojang

woning

sephara

station

seteišhene sa terena

stadshuis

ntlolehalahala la toropo

museum

museamo

school

sekolo

universiteit

unibesithi

bank

banka

ziekenhuis

sepetlele

hotel

hotele

apotheek

lefelo la melemo

kantoor

kantoro

boekwinkel

lebenkele la dibuka

winkel

lebenkele

bloemenwinkel

batho ba ba rekisang malomo

supermarkt

lebenkele

markt

maraka

warenhuis

lebenkele la diaparo

vishandelaar

fishmongers

winkelcentrum

moago wa mabenkele a a mantsi

haven

boema dikepe

park

serapa

bank

banka

brug

borogo

trap

ditepisi

metro

kwa tlase ga lefatshe

tunnel

kgogometso

bushalte

boemela bese

bar

bara

restaurant

lefelo la go jela

brievenbus

lebokose la pose

straatnaambord

letshwao la tsela

parkeermeter

mitara wa go emisa koloi

zoo

lefelo la go bonela
diphologolo

zwembad

letlodi la go thuma

moskee

tempele ya mamoselema

boerderij
polase

milieuverontreiniging
kgotlelelo

kerkhof
mabitla

kerk
kereke

speelplaats
lefelo la go tshamekela

tempel
temple

landschap
boago jwa lefelo

blad
setlhatsana

wegwijzer
matshwao

weg
tsela

weide
ditlhaga

steen
letlapa

wandelaar
motho yo o tsamayang mo thabeng

boom
setlhare

rivier
noka

gras
bojang

bloem
lelomo

vallei

mokgatša

heuvel

thatshana

meer

lekadiba

bos

sekgwa

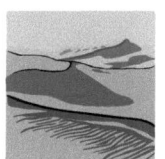

woestijn

sekaka

vulkaan

lekgwamolelo

kasteel

khasele

regenboog

motshe wa badimo

paddenstoel

leboa

palmboom

mokolana

mug

montsane

vlieg

tshenekegi

mier

tshoswane

bijl

notshi

spin

segokgo

kever

khukhwana

kikker

segwagwa

eekhoorn

mosha

egel

noko

haas

mmutla

uil

morubisi

vogel

nonyane

zwaan

pidipidi

wild zwijn

dikolobe tsa naga

hert

kgokong

eland

moose

dam

letamo

windturbine

sefetlhaphefo

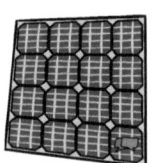

zonnepaneel

motlakase o o dirilweng ka letsatsi

klimaat

loapi

restaurant

lefelo la go jela

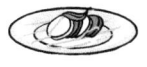

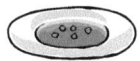

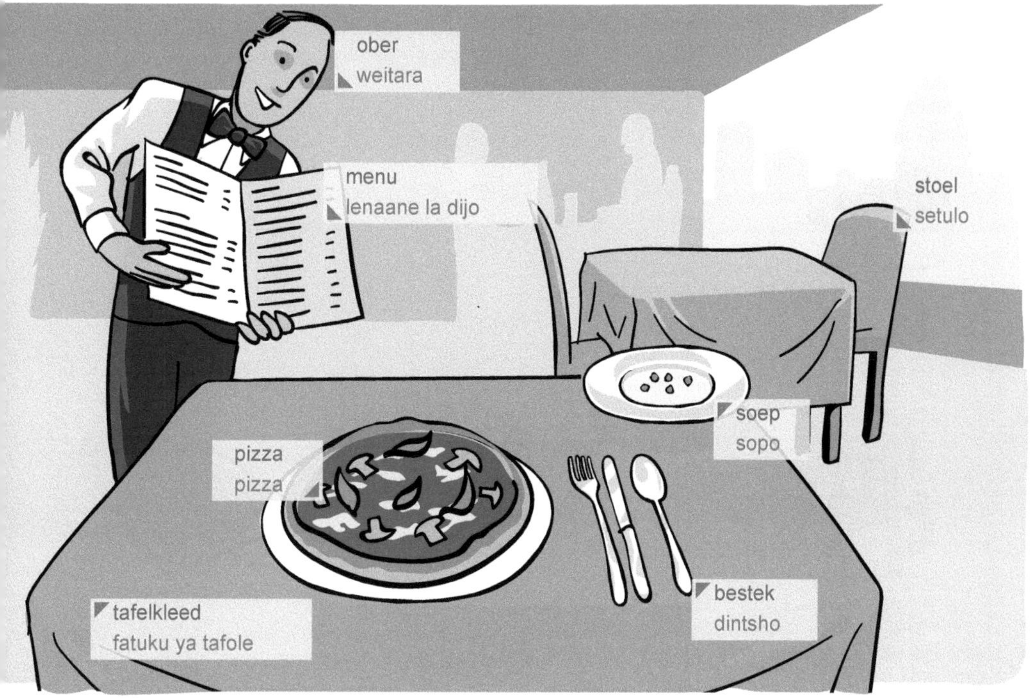
ober
weitara
menu
lenaane la dijo
stoel
setulo
soep
sopo
pizza
pizza
tafelkleed
fatuku ya tafole
bestek
dintsho

voorgerecht
sejo sa ntlha

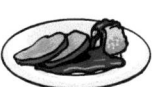

hoofdgerecht
sejo sa bobedi

nagerecht
dijo tse di naleng sukiri

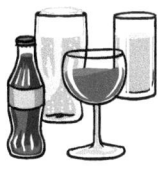

drankjes
dino

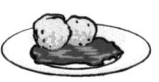

eten
dijo

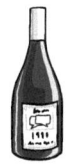

fles
botlolo

fastfood

dijo tsa mo strateng

street food

dijo tsa seterata

theepot

ketlele ya tee

suikerpot

sejana sa go tsenya sukiri

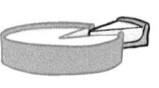

portie

karolo

espressomachine

motšhini wa espresso

kinderstoel

setulo se se kwa godimo

rekening

tshupamolato

dienblad

terei

mes

thipa

vork

forotlho

lepel

liso

theelepel

leswana

serviette

lesela la go iphimola

glas

galase

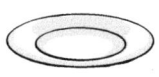

bord
poleiti

soepbord
poleiti ya sopo

schoteltje
sosara

saus
sopo

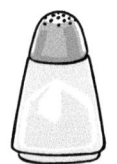

zoutvatje
sejana sa letswai

pepermolen
sesila pepere

azijn
aseini

olie
oli

kruiden
ditswaiso

ketchup
tamati souso

mosterd
masetete

mayonaise
mayonaese

supermarkt
lebenkele

aanbieding
sesolo se se kgethegileng
FOR
klant
moreki
zuivelproducten
dilwana tsa mašwi
fruit
leungo
winkelwagen
teroli

BUTCHERS

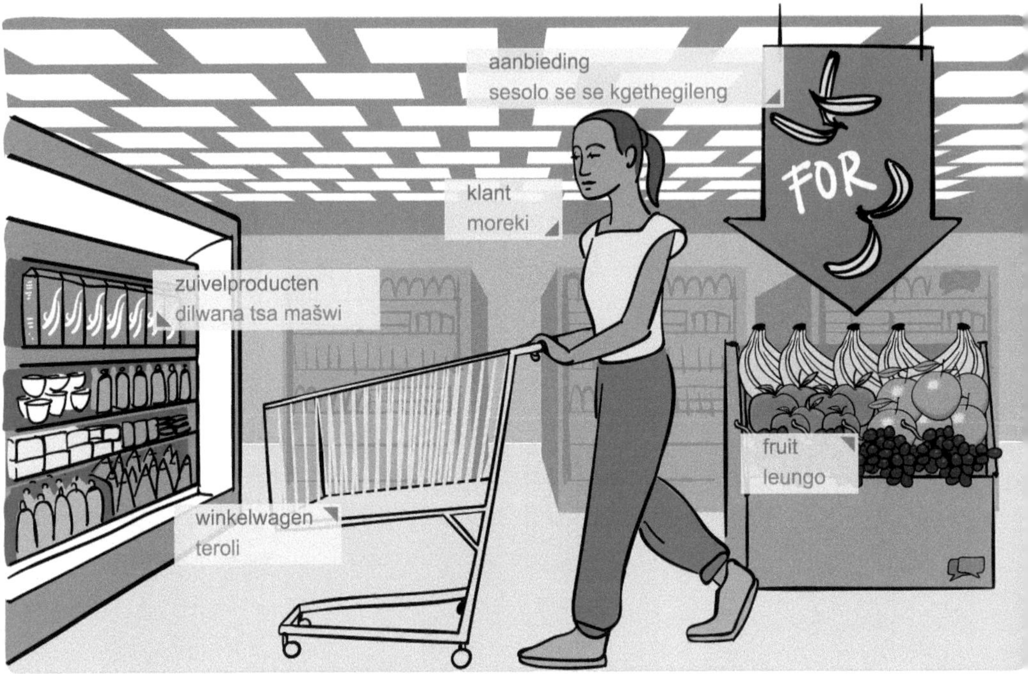

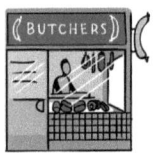

slagerij

batho ba ba segang nama

BAKERY

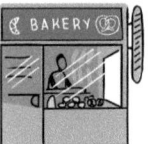

bakkerij

babaki

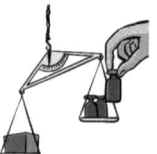

wegen

boima

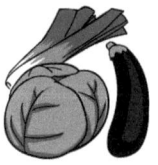

groenten

merogo

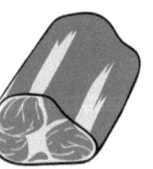

vlees

nama

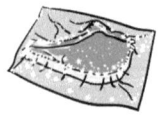

diepvriesvoedsel

dijo tse di aesitsweng

charcuterie

nama e e sa tlhokeng go apewa

conserven

dijo tsa thini

waspoeder

molora o o tlhatswang

snoep

dimonamone

huishoudproducten

dilwana tsa ntlo

schoonmaakproducten

dilwana tsa go phepafatsa

verkoopster

morekisi

kassa

motšhini wa madi

kassier

morekisi

boodschappenlijstje

lennane la go reka

openingstijden

diura tsa go bula

portefeuille

sepatšhe

kredietkaart

karata ya go tsaya sekoloto

tas

kgetsi

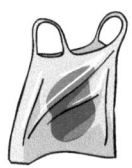

plastieken zakje

kgetsi ya polasetiki

water

metsi

sap

jusi

melk

mašwi

cola

khouku

wijn

beine

bier

biri

alcohol

bojalwa

cacao

khoukhou

thee

tee

koffie

kofi

espresso

esepereso

cappuccino

cappuccino

banaan

panana

appel

apole

sinaasappel

namune

meloen

legapu

citroen

surunamune

wortel

segwete

knoflook

konofole

bamboe

lotlhaka lwa bampuse

ajuin

eie

champignon

mabowa

noten

manoko

noodles

di-noodles

spaghetti

sepagethi

rijst

raese

salade

salate

frieten

ditšhipisi

gebakken aardappelen

ditapole tse di gadikilweng

pizza

pizza

hamburger

hamburger

sandwich

borotho jo bo tlapisitsweng

kalfslapje

nama e e gadikilweng

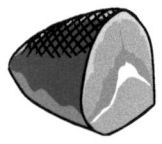

ham

nama ya kolobe

salami

salami

worst

boroso

kip

koko

braden

gadika

vis

tlhapi

havervlokken

bogobe jwa outse

muesli

muesli

cornflakes

cornflakes

bloem

bupi

croissant

croissante

pistolet

banse

brood

borotho

toast

borotho jo bo besitsweng

koekjes

bisikiti

boter

botoro

kwark

tšhisi

taart

kuku

ei

lee

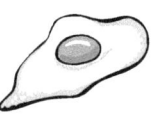

spiegelei

lee le le gadikilweng

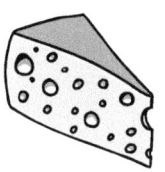

kaas

kase

ijs

aesekirimi

suiker

sukiri

honing

mamepe a dinotshe

confituur

jeme

choco

chokolete e e tshasiwang

curry

khari

boerderij
polase

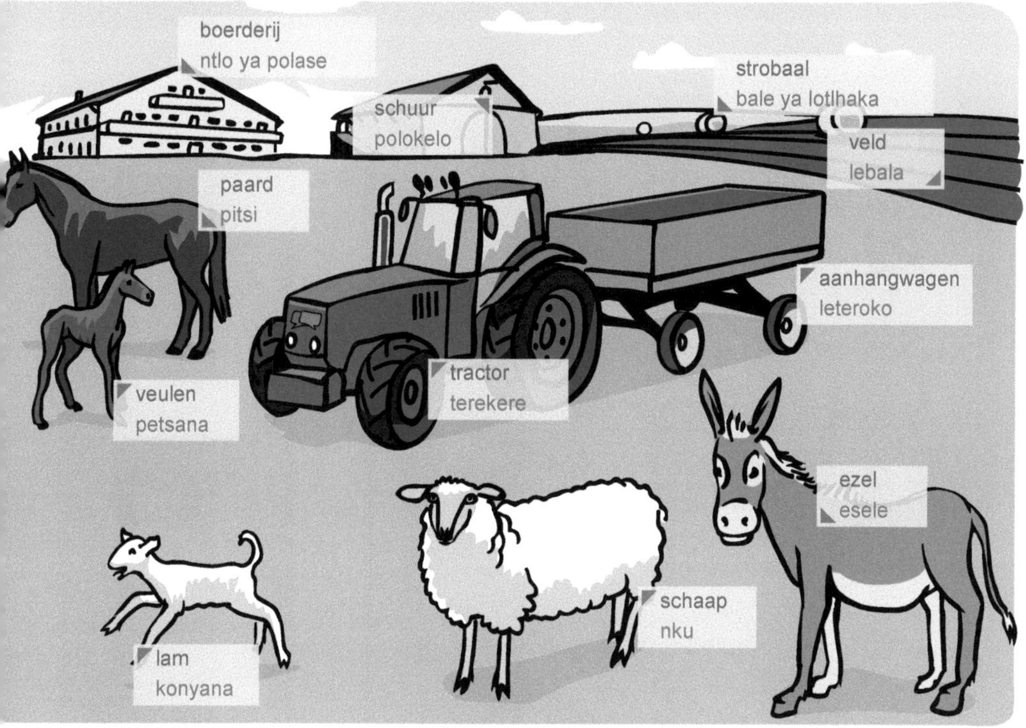
boerderij
ntlo ya polase
schuur
polokelo
strobaal
bale ya lotlhaka
veld
lebala
paard
pitsi
aanhangwagen
leteroko
tractor
terekere
veulen
petsana
ezel
esele
schaap
nku
lam
konyana

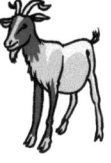

geit
pudi

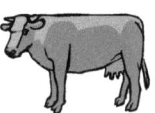

koe
kgomo

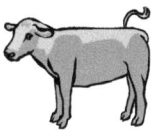

kalf
namane

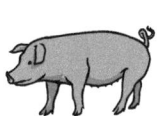

varken
kolobe

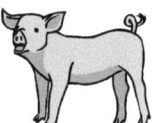

biggetje
kolojane

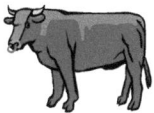

stier
poo

gans

ganse

eend

pidipidi

kuiken

kokwanyana

kip

mokoko

haan

mokoko

rat

peba

kat

katse

muis

peba

os

kgomo

hond

ntša

hondenhok

ntlo ya ntša

tuinslang

lethompo la tshingwana

gieter

tanka ya go nosetsa

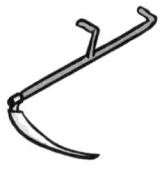

zeis

disekele tsa tshipi

ploeg

lema

sikkel
disekele

schoffel
setlhagola

hooivork
foroko ya go peta

bijl
selepe

kruiwagen
kiribae

trog
bonwelo

melkkan
mašwi a a moteng ga
moteme

zak
kgetsana

hek
legora

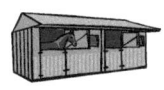

stal
tsepame

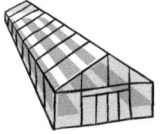

broeikas
lefelo la go godisa dijalo

bodem
mmu

zaad
peo

mest
menyoro

maaidorser
thobo e e kopaneng

oogsten

thobo

oogst

thobo

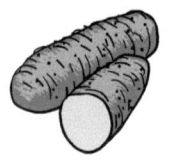

yam

di-yam

tarwe

korong

soja

soya

aardappel

tapole

maïs

korong

koolzaad

disonobolomo

fruitboom

setlhare sa maungo

maniok

cassava

graan

dijo tsa phakela

schoorsteen
sentshamosi

dak
marulelo

regenpijp
peipe ya deraine

raam
letlhabaphefo

garage
karaje

deurbel
bele ya setswalo

deur
lebati

vuilnisbak
motene wa matlakala

brievenbus
lebokose la dikwalo

tuin
tshingwana

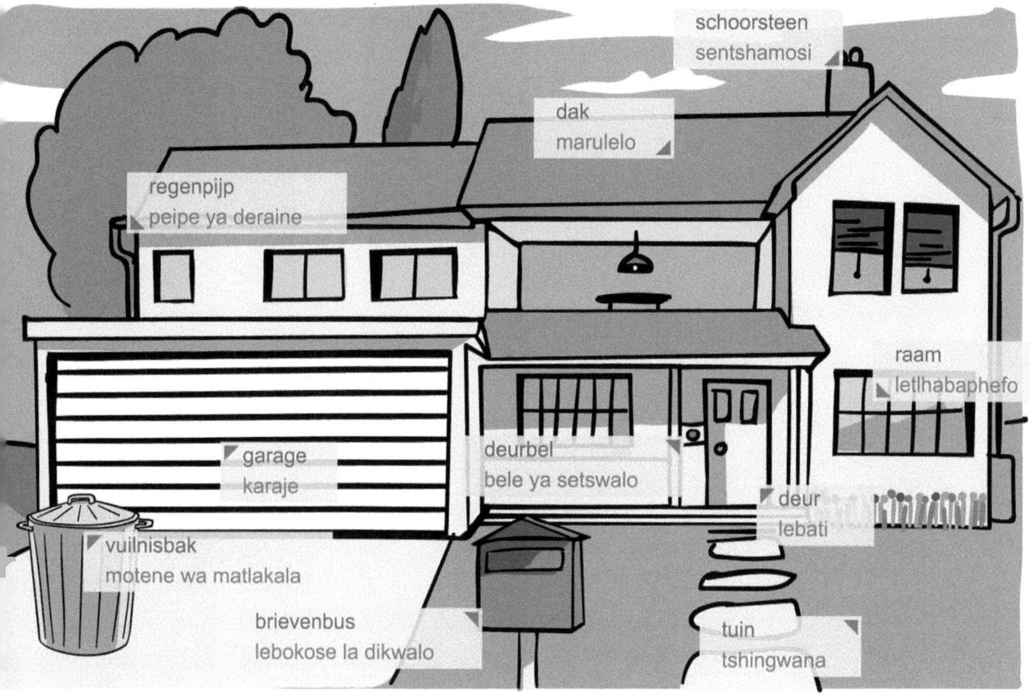

woonkamer
phaposi ya bodulo

badkamer
phaposi ya go tlhapela

keuken
boapeelo

slaapkamer
phaposi ya borobalo

kinderkamer
phaposi ya bana

eetkamer
phaposi ya bojelo

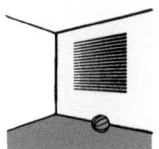

vloer

mo fatshe

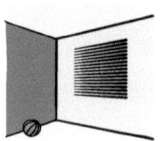

muur

lebota

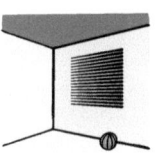

plafond

siling

kelder

mabolokelo

sauna

se futhumatsa mmele

balkon

mokatako

terras

mokgekolosa

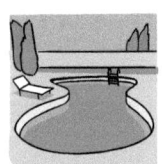

zwembad

makadiba

grasmaaier

sedirisiwa sa go sega
bojang

dekbedovertrek

lakane

dekbed

kobo

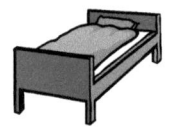

bed

bolao

bezem

lefielo

emmer

kgamelo

schakelaar

switch

woonkamer
phaposi ya bodulo

behangpapier
pampiri e e kgabisng lebota
foto
setshwantsho
lamp
lobone
schap
raka
kast
raka
televisie
thelebishene
open haard
iso
bloem
lelomo
kussen
mosamo
sofa
soufa
vaas
setsenya malomo
afstandsbediening
selaola thelebishene o le kgakala le yone

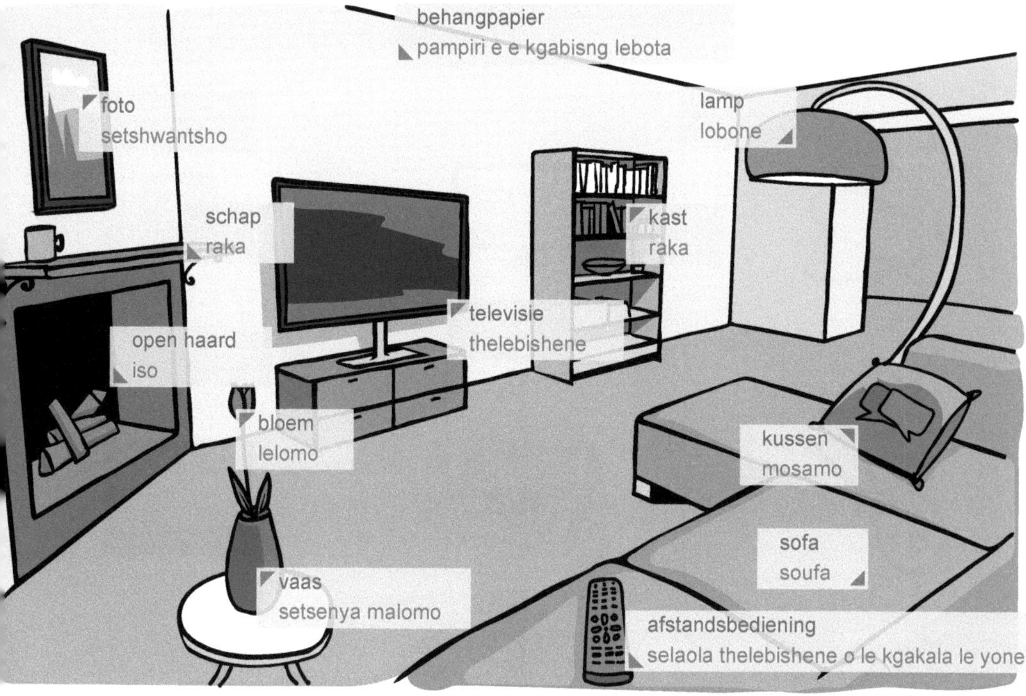

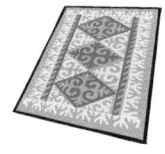

mat

mmetshe

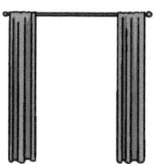

gordijn

garetene

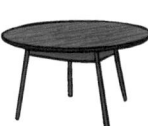

tafel

tafole

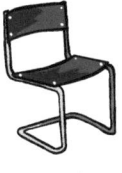

stoel

setulo

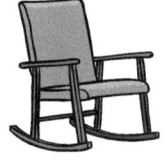

schommelstoel

setulo se se binang

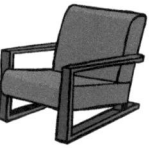

fauteuil

setulo se se naleng boikego

boek

buka

deken

kobo

decoratie

mokgabiso

brandhout

dikgong tsa molelo

film

filimi

stereo-installatie

hi-fi ya go letsa

sleutel

selotlolo

krant

lokwalodikgang

schilderij

setshwantsho se se
dirilweng ka pente

poster

pampiri ya go phasalatsa

radio

seyalemowa

notitieboekje

buka ya dintla

stofzuiger

huvara

cactus

motoroko

kaars

kerese

keuken
boapeelo

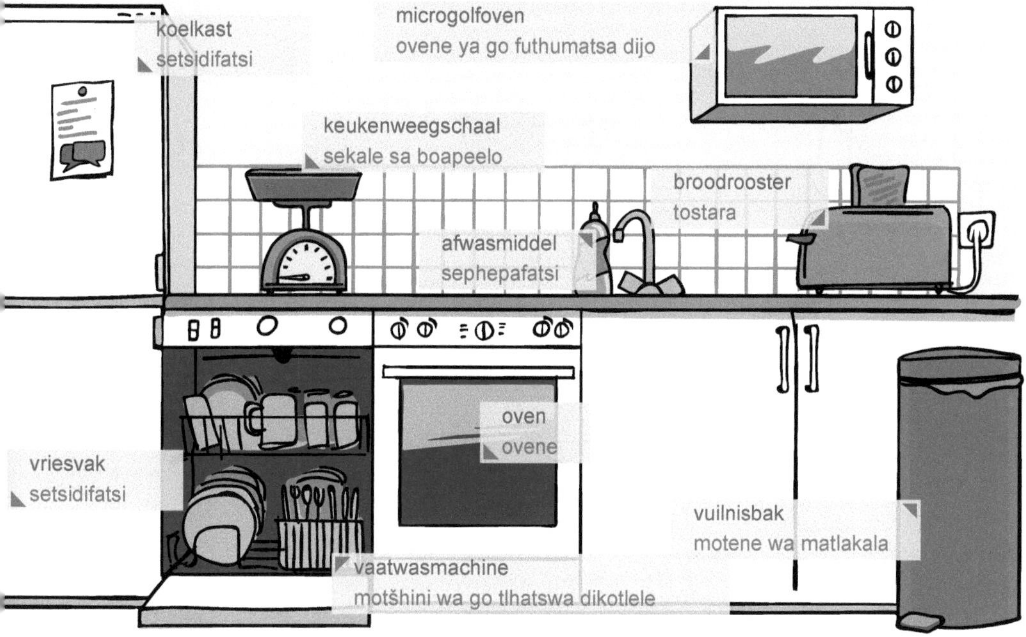
koelkast
setsidifatsi
microgolfoven
ovene ya go futhumatsa dijo
keukenweegschaal
sekale sa boapeelo
broodrooster
tostara
afwasmiddel
sephepafatsi
oven
ovene
vriesvak
setsidifatsi
vuilnisbak
motene wa matlakala
vaatwasmachine
motšhini wa go tlhatswa dikotlele

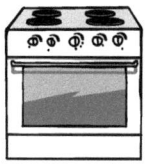

fornuis

moapei

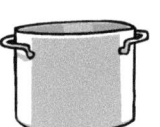

pot

pitsa

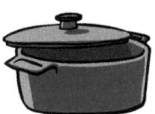

gietijzeren pot

pitsa ya tshipi

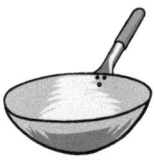

wok / kadai

wok / kadai

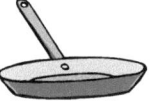

pan

pane

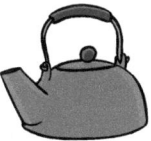

waterkoker

ketlele

stoomkoker

sefuthumatsi

bakplaat

terei ya go baka

servies

dintsho

mok

kopi

kom

sejana

eetstokjes

thobane ya go rema

pollepel

thoka

spatel

sepatšhula

garde

wiskara

vergiet

setereinara

zeef

setlhotlhi

rasp

greitara

mortier

kika

barbecue

nama ya kgomo

haardvuur

molelo o o mopepeneneg

snijplank

boroto ya go segela

deegrol

rolara

kurkentrekker

sebula dibotlolo tsa beine

blik

moteme

blikopener

sebula moteme

pannenlap

setshwari sa pitsa

gootsteen

sinki

borstel

boratshe

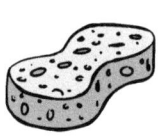

spons

sepontshe

blender

setlhakanya dijo / maungo

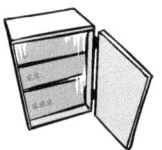

vriezer

setsidifatsi

papfles

botlole ya ngwana

kraan

tepe

badkamer
phaposi ya go tlhapela

douche
shawara
verwarming
thutafatsa
handdoek
toulo
douchegordijn
garetene ya shawara
bubbelbad
setshelo sa go dira dibabole mo bateng
badkuip
bata
glas
galase
wasmachine
setlhatswa diaparo
kraan
tepe
tegels
dithaele
kinderpo
poti
gootsteen
sinki

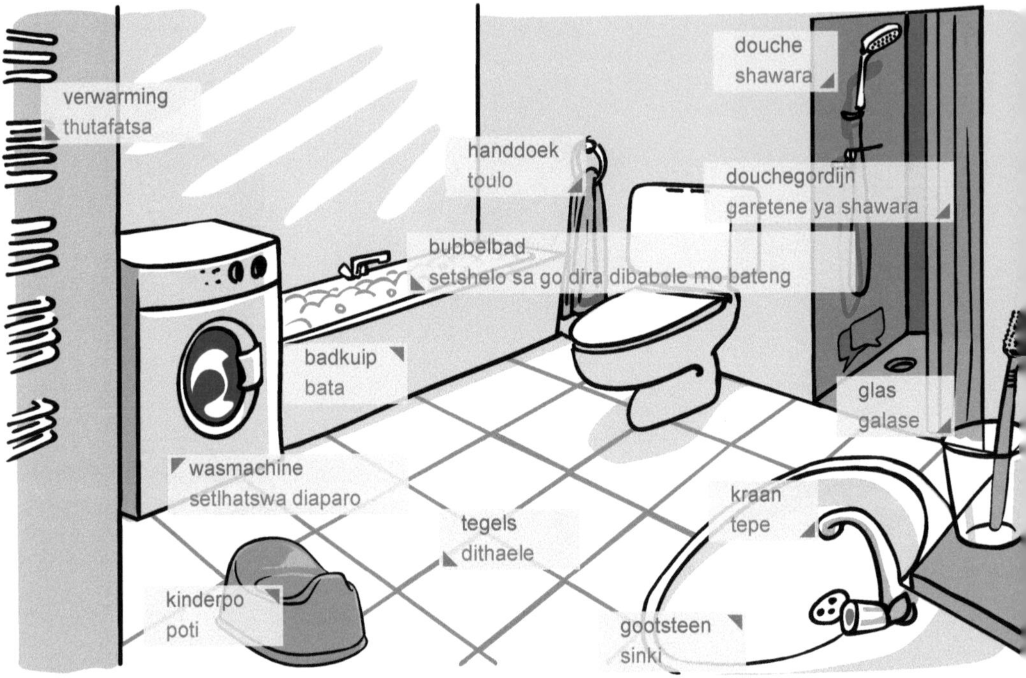

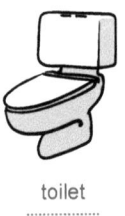

toilet
ntlwana

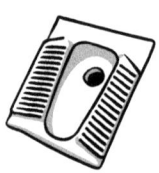

hurktoilet
ntlwana ya go kotama

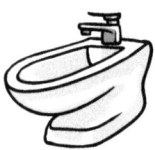

bidet
bidete

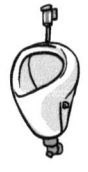

urinoir
moroto

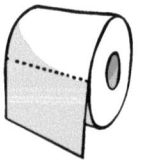

toiletpapier
pampiri ya boithomelo

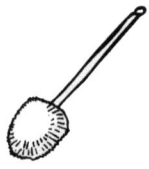

toiletborstel
boratšhe jwa ntlwana

tandenborstel

boratšhe jwa meno

tandpasta

sesepa sa meno

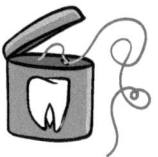

flosdraad

tlhale ya go phepafatsa
meno

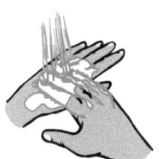

wassen

tlhatswa

handdouche

shawara ya go itshwarela

bidethanddouche

senkgisa monate

waskom

beisini

rugborstel

boratšhe jwa mokwatla

zeep

sesepa

douchegel

jele ya shawara

shampoo

setlhapisa moriri

washandje

folanele

afvoer

mosele

crème

setlolo

deodorant

senkgamonate

spiegel

seipone

handspiegel

seipone sa go itshwarela

scheermes

legare

scheerschuim

foumu ya go ntsha moriri

aftershave

foumu ya fa o fetsa go ntsha moriri

kam

kama

borstel

boratšhe

haardroger

seomisa moriri

haarlak

seporei sa moriri

make-up

seitlole sa sefatlhego

lippenstift

setlolo sa molomo

nagellak

pente ya dinala

watten

boboa

nagelknipper

sekere sa dinala

parfum

leokwane le le nkgang monate

toilettas

kgetsana ya go tlhatswa

kruk

setulo

weegschaal

sekale sa go lekanya

badjas

seaparo sa botlhapelo

latex handschoenen

ditlelafo tsa rekere

tampon

tempone

maandverband

sedirisiwa sa basadi ba ba
mo kgweding

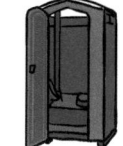

chemisch toilet

ntlwana ya khemikhale

kinderkamer

phaposi ya bana

wekker
tshupanako ya alamo
knuffel
mpopi wa go tlamparela
speelgoedauto
koloi e e tshamekang
rammelaar
setšhakgatšhakga
poppenhuis
ntlo ya dipompi
geschenk
poresente

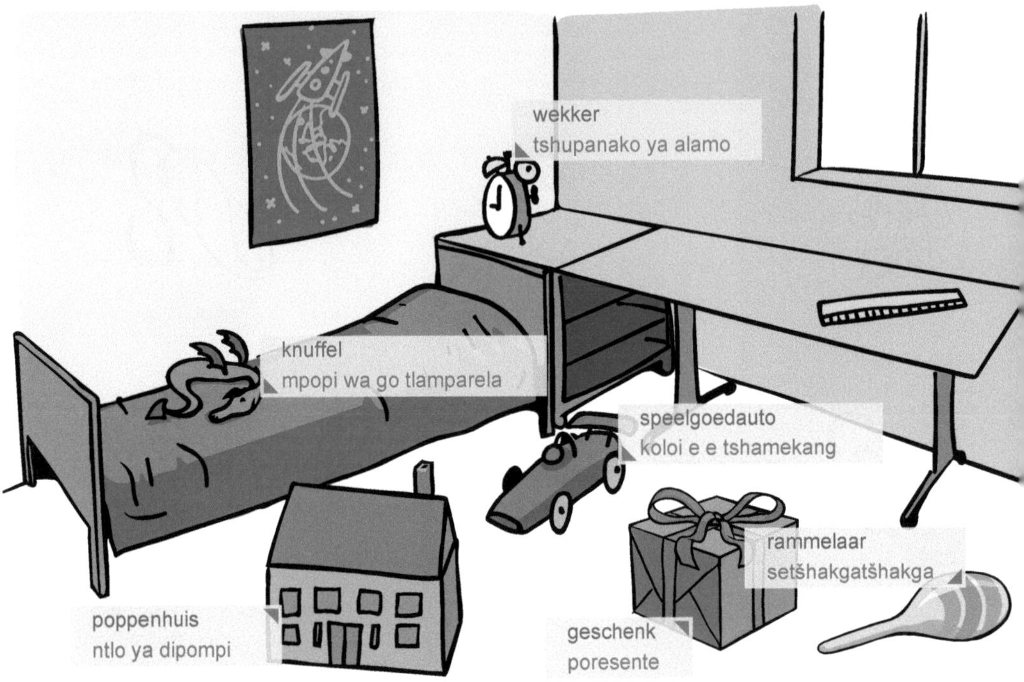

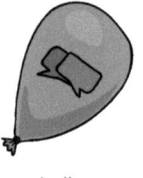

ballon

baluni

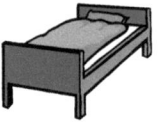

bed

bolao

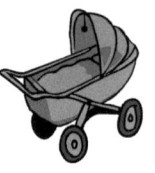

kinderwagen

porema

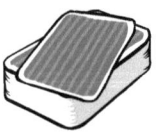

spel kaarten

deck of cards

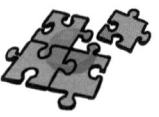

puzzel

saga ya motlakase

stripboek

buka ya ditshegisi

legoblokjes

matlapa a go tshameka

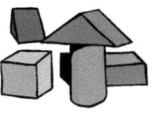

blokken

diboloko tse di tshamekang

actiefiguur

setshwantsho sa motho

kruippakje

seaparo sa lesea

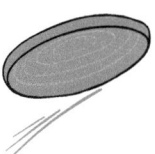

frisbee

Frisbee

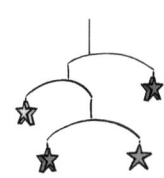

mobiel

selo sa go letsa mmino mo ditsebeng

bordspel

motshameko wa boroto

dobbelsteen

daese

modelspoorweg

terena

fopspeen

tami

feest

moletlo

prentenboek

buka ya ditshwantsho

bal

bolo

pop

mpopi

spelen

tshameka

zandbak

lebala le le naleng santa

schommel

moswinki

speelgoed

ditshamekisi tsa bana

spelconsole

motshameko wa dibidio

driewieler

baesekele ya maotwana a a mararo

knuffelbeer

bera e e diretsweng go tshamekisa bana

kleerkast

raka ya go baya diaparo

kleding

seaparo

sokken

dikausu

kousen

dikausu tsa basadi

maillot

dithaetse

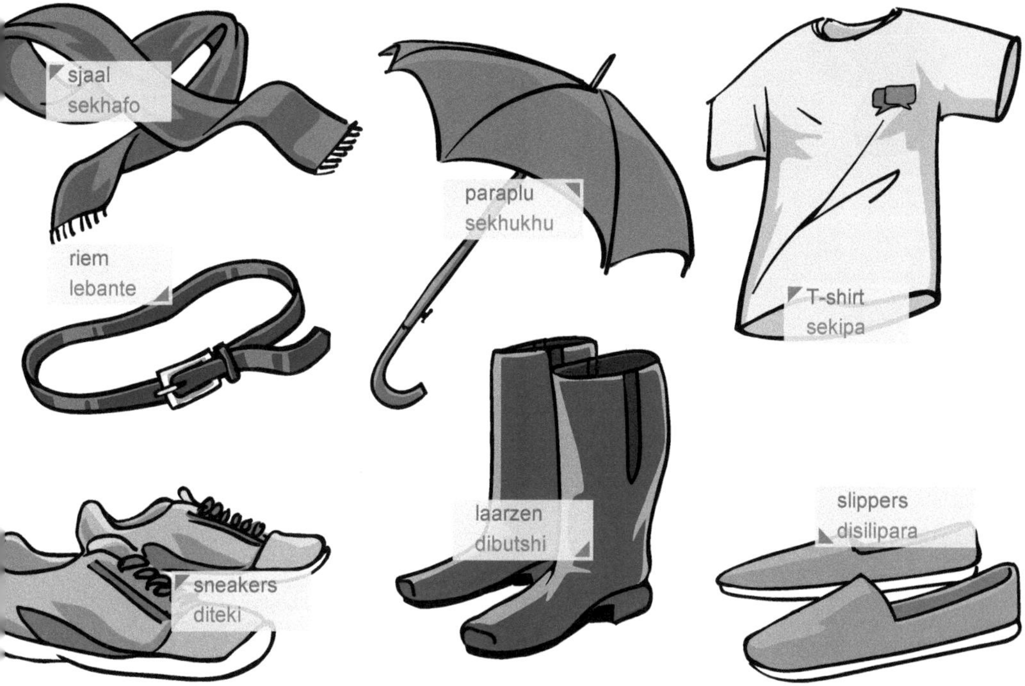

sjaal
sekhafo

paraplu
sekhukhu

T-shirt
sekipa

riem
lebante

laarzen
dibutshi

slippers
disilipara

sneakers
diteki

sandalen
....
dimphatšhane

schoenen
....
ditlhako

rubberlaarzen
....
dibutshi tsa rekere

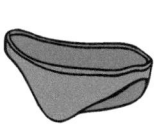

onderbroek
....
borukgwe jwa kwateng

beha
....
boraa

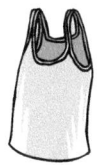

onderhemd
....
besete

lichaam

mmele

broek

borukgwe

jeans

bokate

rok

sekete

blouse

bolaose

hemd

hempe

trui

jeresi e e senang matsogo

capuchontrui

jakete e e enaleng hutshe

blazer

boleisara

jas

jakete

jas

jase

regenjas

jase ya pula

kostuum

khosetjhumo

jurk

mosese

trouwjurk

mosese wa lenyalo

pak

sutu

nachthemd

seaparo sa bosigo

pyjama

diaparo tsa go robala

sari

sari

hoofddoek

sekhafa sa tlhogo

tulband

turban

boerka

burqa

kaftan

kaftan

abaya

abaya

badpak

seaparo sa go thuma

zwembroek

diteranka

short

borukgwe jo bo khutshwane

trainingspak

terekesutu

schort

seaparo sa go phephafatsa

handschoenen

ditlelafo

knoop

talama

bril

diborele

armband

sebaga

ketting

sebaga sa mo thamong

ring

palamonwana

oorbel

lengena

pet

kepisi

kapstok

sepega baki

hoed

hutshe

das

tae

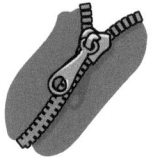

rits

zepe

helm

hutshe ya sethuthuthu

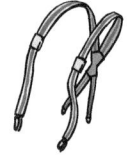

bretellen

ditrata tsa meno

schooluniform

diaparo tsa sekolo

uniform

diaparo tsa mmereko /
diaparo tsa sekolo

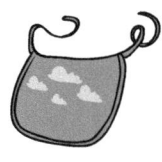

slabbetje

bebe

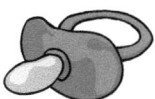

fopspeen

tami

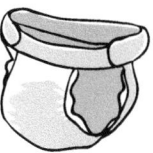

luier

mongato

kantoor

kantoro

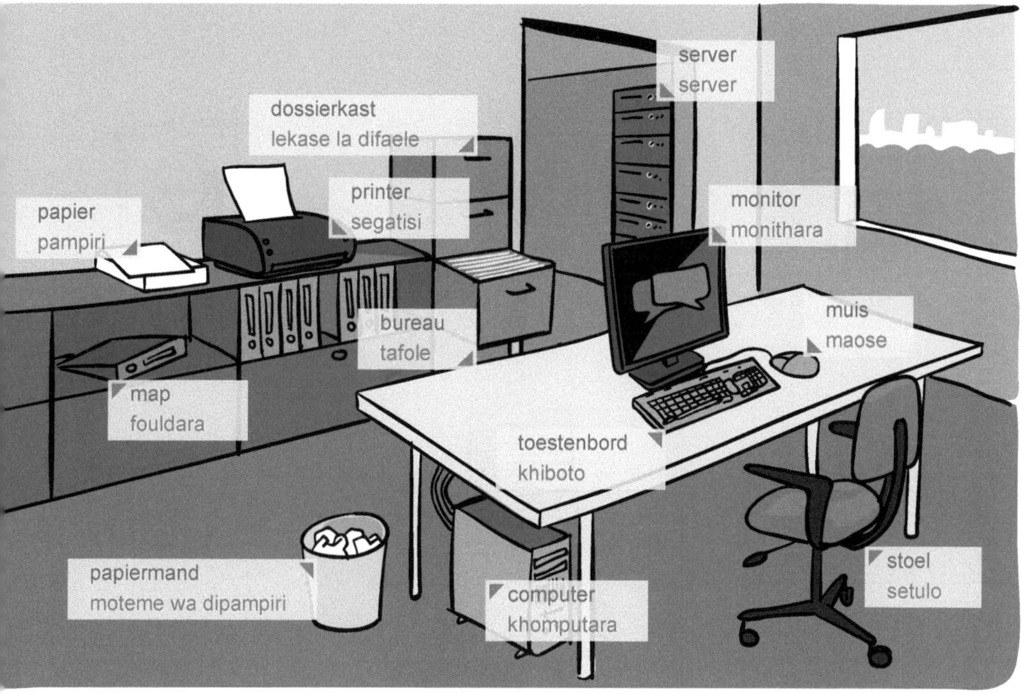
server
server
dossierkast
lekase la difaele
printer
segatisi
papier
pampiri
monitor
monithara
bureau
tafole
muis
maose
map
fouldara
toestenbord
khiboto
papiermand
moteme wa dipampiri
computer
khomputara
stoel
setulo

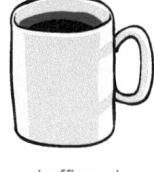

koffiemok

kopi

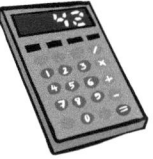

rekenmachine

khalkhuleitara

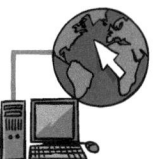

internet

inthanete

laptop

lapothopo

brief

lekwalo

bericht

molaetsa

gsm

mogala wa letheka

netwerk

kgolagano ya megala

kopieerapparaat

segatisa dipampiri

software

software

telefoon

mogala

stopcontact

sokete ya polaka

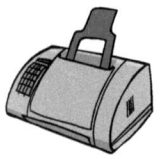

fax

motšhini wa fekese

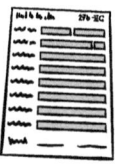

formulier

foromo

document

setlankana

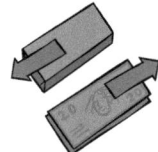

kopen
....
reka

betalen
....
patela

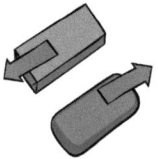

handelen
....
rekisa

geld
....
madi / tšhelete

dollar
....
dolara

euro
....
euro

yen
....
yen

roebel
....
roubele

Zwitserse frank
....
swiss franc

Chinese renminbi
....
renminbi yuan

roepie
....
rupee

geldautomaat
....
lefelo la madi

wisselkantoor

kantoro ya go fetola madi

goud

gauta

zilver

selefera

olie

oli

energie

maatla

prijs

tlhwatlhwa

contract

konteraka

belasting

lekgetho

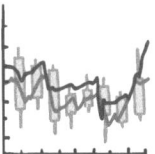

aandeel

setoko

werken

dira

werknemer

mothapiwa

werkgever

mothapi

fabriek

bodirelo

winkel

lebenkele

beroepen
maemo

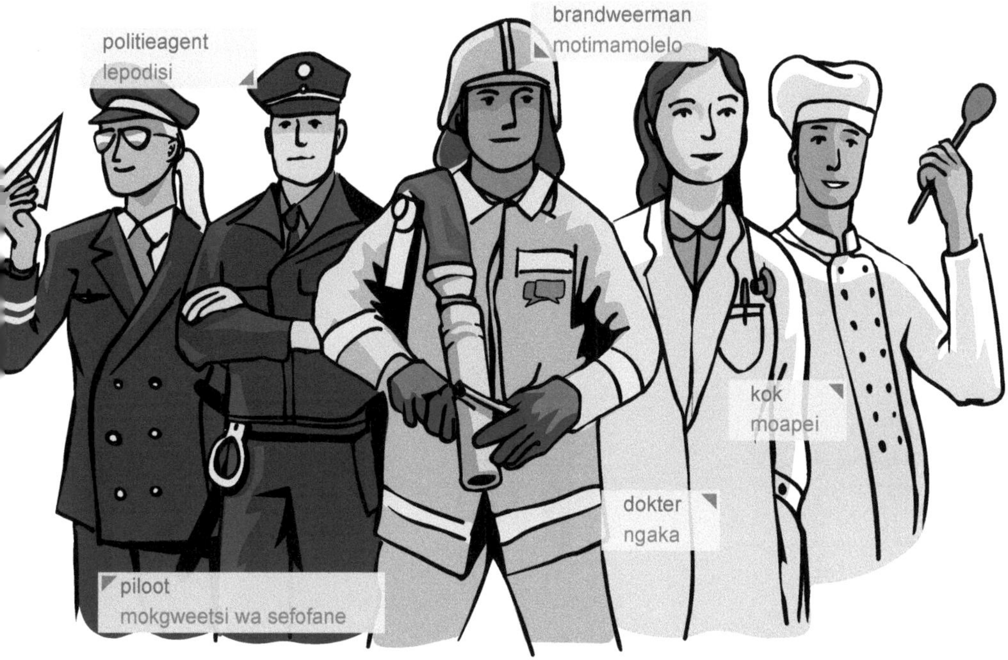
politieagent
lepodisi
brandweerman
motimamolelo
kok
moapei
dokter
ngaka
piloot
mokgweetsi wa sefofane

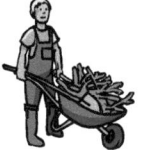

tuinman

ratshingwana

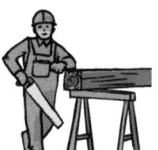

timmerman

mmetli wa dikgong

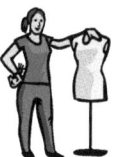

naaister

moroki

rechter

moatlhodi

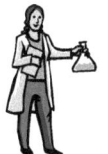

chemicus

moitse wa melemo

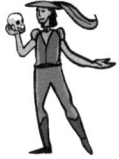

acteur

modiragatsi

buschauffeur

mokgweetsi wa bese

taxichauffeur

mokgweetsi wa tekisi

visser

motshwari wa ditlhapi

schoonmaakster

Mme yo o phepafatsang

dakdekker

moruledi

ober

weitara

jager

motsumi

schilder

motaki

bakker

mmesi wa senkgwe

elektricien

ramotlakase

bouwvakker

moagi

ingenieur

moenjenere

slager

mosegi wa nama

loodgieter

motsenyi wa diphaepe tsa metsi

postbode

motsamaisa poso

soldaat

leshole

architect

modiri wa dipolane

kassier

morekisi

bloemist

morekisi wa malomo

kapper

mokgabisamoriri

conducteur

kondactara

mecanicien

mokheneke

kapitein

mokapeteine

tandarts

ngaka ya meno

wetenschapper

Rasaense

rabbijn

moruti

imam

imam

monnik

moitlami

geestelijke

moruti

werktuigen
didiriswa

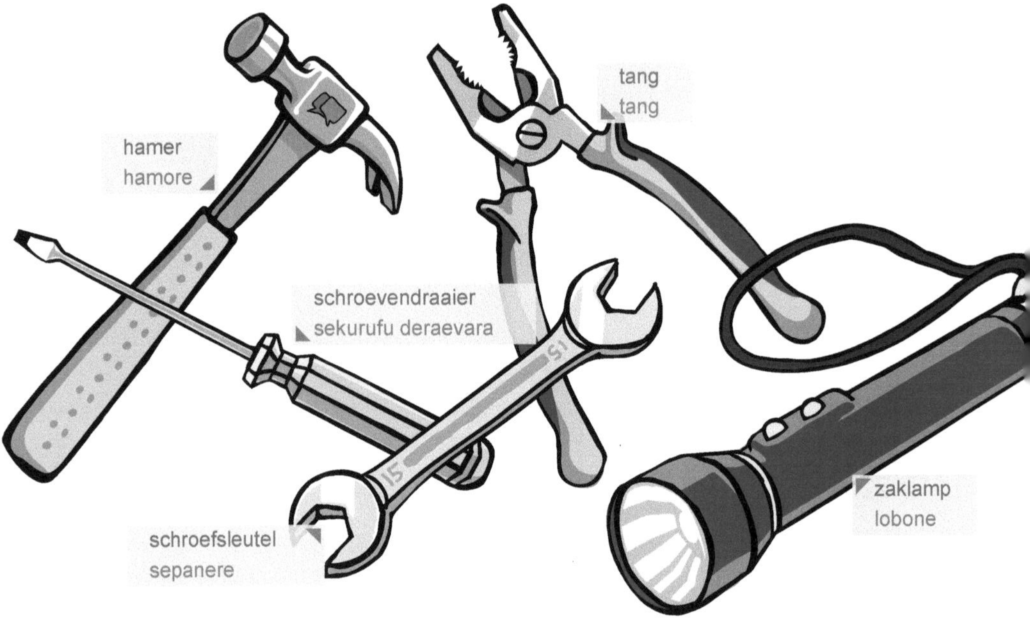
hamer
hamore
tang
tang
schroevendraaier
sekurufu deraevara
schroefsleutel
sepanere
zaklamp
lobone

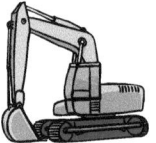

graafmachine
moepi

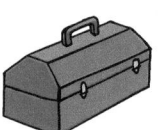

gereedschapskoffer
bokoso ya didirisiwa

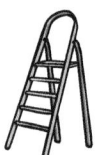

ladder
lere

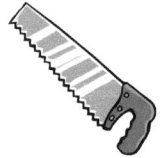

zaag
saga

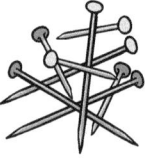

spijkers
dipekere

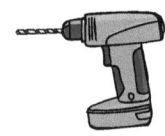

boormachine
sebori

repareren	schop	Verdomme!
baakanya	garawe	ijaa!

blik	verfpot	schroeven
seolela matlakala	pitsa ya pente	sekurufu

muziekinstrumenten
didirisiwa tsa mmino

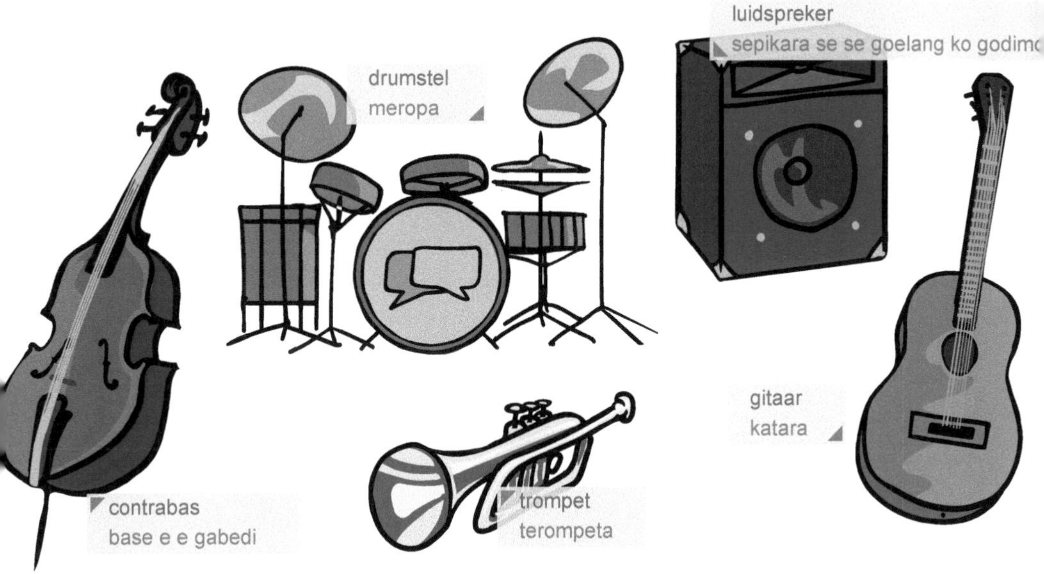

luidspreker
sepikara se se goelang ko godimo

drumstel
meropa

gitaar
katara

contrabas
base e e gabedi

trompet
terompeta

piano

piano

viool

bayolini

basgitaar

base

pauk

timpane

trommels

meropa

keyboard

khiboto

saxofoon

sekesofone

fluit

phala

microfoon

sebuela godimo

lefelo la go bonela diphologolo

tijger
lengau

ingang
botseno

kooi
kheitšhe

zebra
pitse ya naga

diereneten
dijo tsa diphologolo

panda
panda

dieren
diphologolo

olifant
tlou

kangoeroe
dikhankaruu

neushoorn
tshukudu

gorilla
tshweni

beer
bera

kameel

kamela

struisvogel

kalakune

leeuw

tau

aap

tshwene

flamingo

flamingo

papegaai

papalagae

ijsbeer

bera e e dulang ko lefelong
le le tsididi thata

pinguïn

nonyane tsa lewatle

haai

leruarua

pauw

phikoko

slang

noga

krokodil

kwena

dierenverzorger

motlhokomedi wa
diphologolo

zeehond

sili

jaguar

katse

zoo - lefelo la go bonela diphologolo

pony
petsana

luipaard
lengau

nijlpaard
tshukudu

giraffe
thutlwa

adelaar
ntsu

wild zwijn
dikolobe tsa naga

vis
tlhapi

zeeschildpad
khudu

walrus
walrus

vos
ntja ya naga

gazelle
tshephe

rugby
kgwele ya dinao ya Amerika

wielrennen
motshameko wa baesekele

tennis
tenese

basketbal
baseketebolo

zwemmen
thuma

ijshockey
hockey ya mo aeseng

boksen
motshameko wa go lwa ka diatla

voetbal

kgwele ya dinao

badminton

badminthone

atletiek

atletiki

handbal

kgwele ya diatla

skiën

skiing

polo

polo

activiteiten
didirwa

lachen
tshega
springen
tlola
knuffelen
tlamparela
wandelen
tsamaya
zingen
opela
dromen
lora
bidden
rapela
kussen
atla

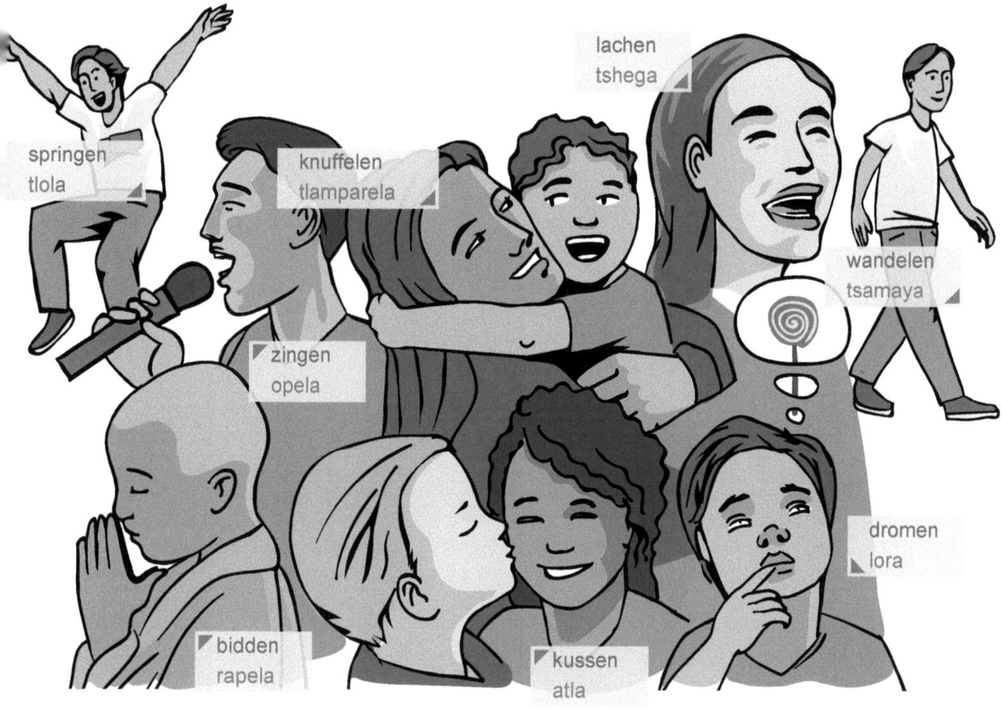

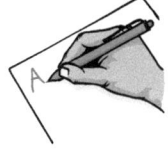

schrijven
kwala

tekenen
torowa

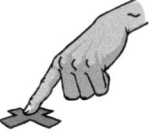

tonen
bontsha

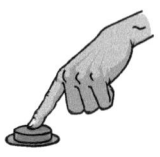

duwen
kgorometsa

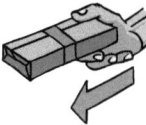

geven
naya

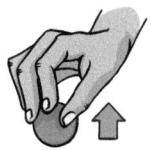

nemen
tsaya

hebben

go nna

doen

dira

zijn

nna

staan

ema

lopen

taboga

trekken

goga

gooien

latlha

vallen

wa

liggen

maaka

wachten

ema

dragen

tsholetsa

zitten

dula

aankleden

apara

slapen

robala

ontwaken

tsoga

kijken naar

leba

wenen

lela

aaien

thuma ka lemorago

kammen

kama

praten

bua

begrijpen

tlhaloganya

vragen

botsa

luisteren

reetsa

drinken

nwa

eten

ja

opruimen

phepafatsa

houden van

lorato

koken

apaya

rijden

kgweetsa

vliegen

fofa

zeilen

seila

rekenen

khalkhuleitara

Lezen

bala

leren

ithute

werken

dira

trouwen

nyala

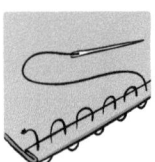

naaien

roka

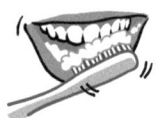

tandenpoetsen

tlhapa meno

doden

bolaya

roken

tsuba

sturen

romela

familie
lelapa

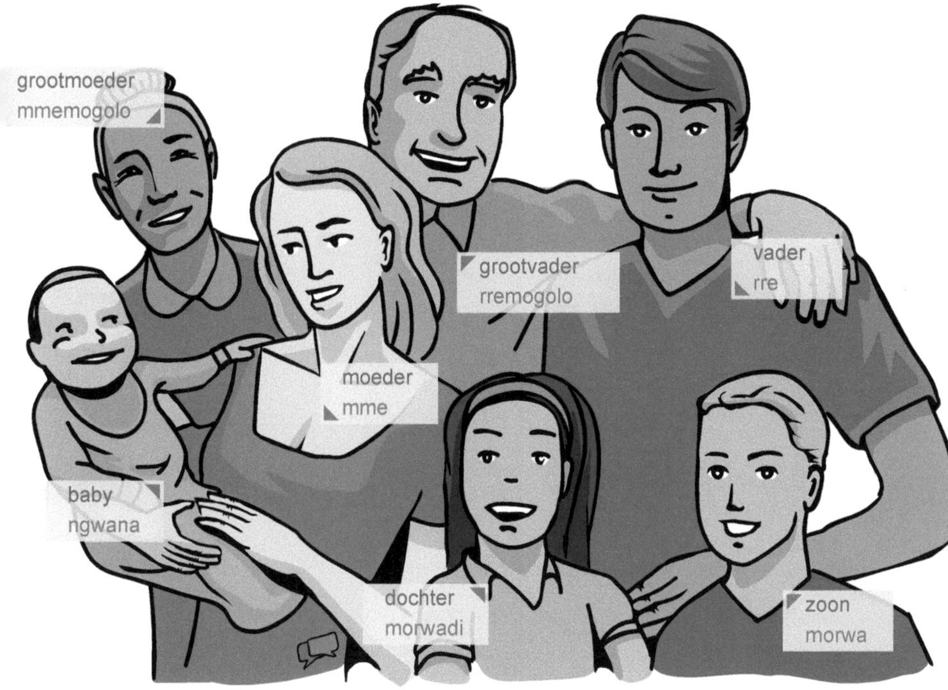

grootmoeder
mmemogolo
grootvader
rremogolo
vader
rre
moeder
mme
baby
ngwana
dochter
morwadi
zoon
morwa

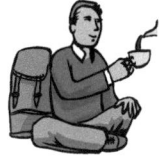

gast
moeng

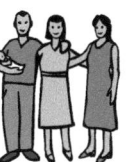

tante
mmangwane

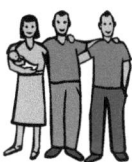

oom
malome

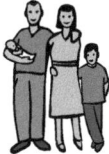

broer
abuti

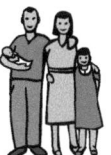

zus
ausi

lichaam

mmele

voorhoofd
phatlha
oog
leitlho
schouder
legetla
vinger
monwana
gezicht
sefatlhego
kin
seledu
hand
seatla
been
leoto
borst
letsele
arm
letsogo

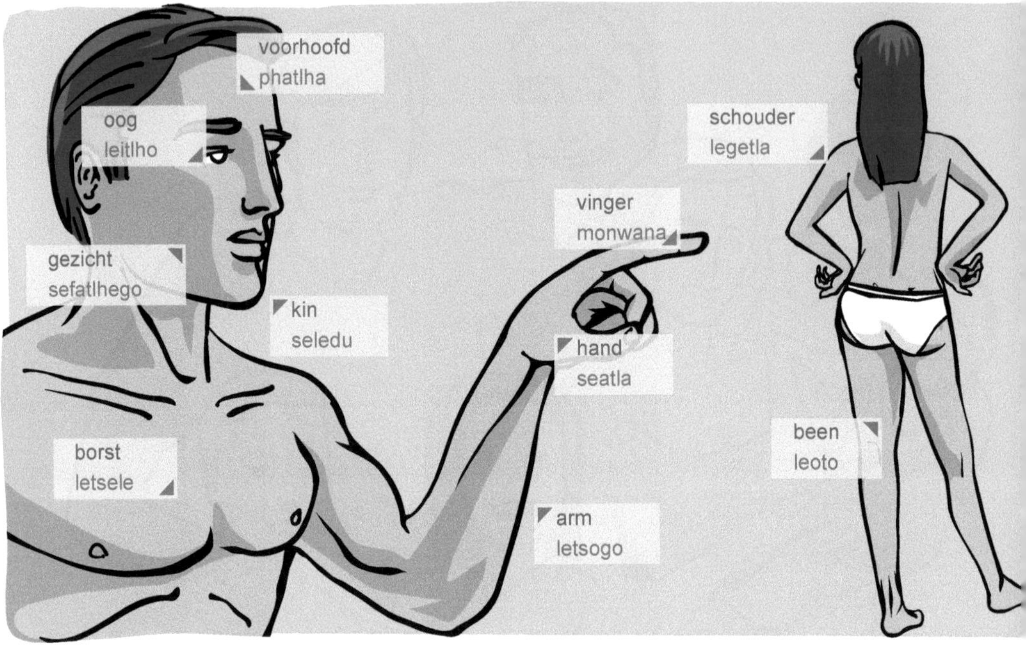

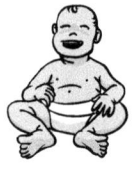

baby
ngwana

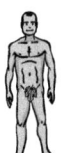

man
monna

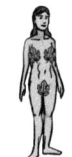

vrouw
mosadi

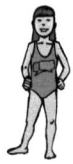

meisje
mosetsana

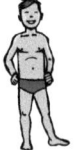

jongen
mosimane

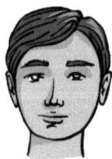

hoofd
tlhogo

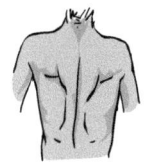

rug
mokwatla

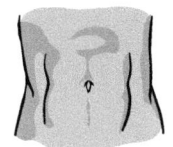

buik
mpa

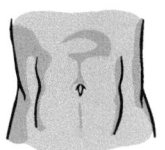

navel
khubu

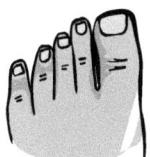

teen
monwana

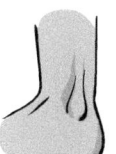

hiel
serethe

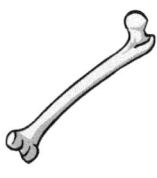

bot
lerapo

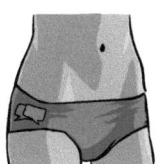

heup
letheka

knie
lengole

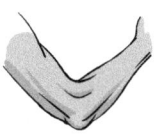

elleboog
sekgono

neus
nko

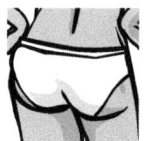

zitvlak
ko tlase

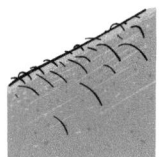

huid
letlalo

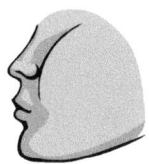

wang
lerama

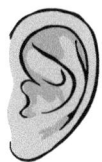

oor
tsebe

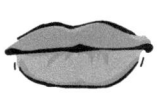

lip
pounama

mond

molomo

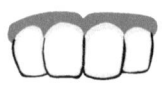

tand

leino

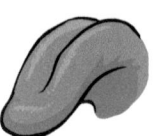

tong

loleme

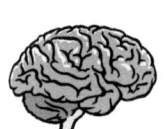

hersenen

boboko

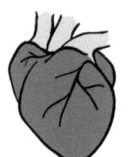

hart

pelo

spier

maatla

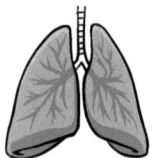

long

lekgwafo

lever

sebete

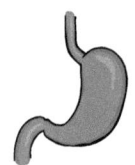

maag

mala

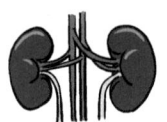

nieren

diphio

seks

bong

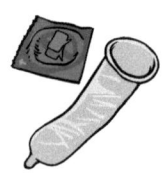

condoom

mosomelwana

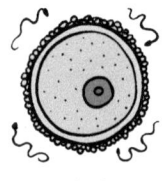

eicel

sebelegi sa ngwana

sperma

semen

zwangerschap

moimana

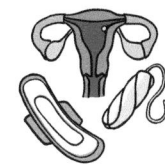

menstruatie

dinako tsa go tla ka kgwedi
tsa basadi

vagina

serwe sa mosadi

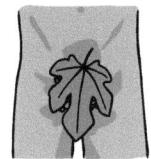

penis

serwe sa monna

wenkbrauw

dintshi

haar

moriri

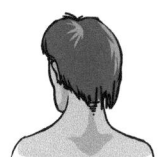

nek

thamo

ziekenhuis
sepetlele

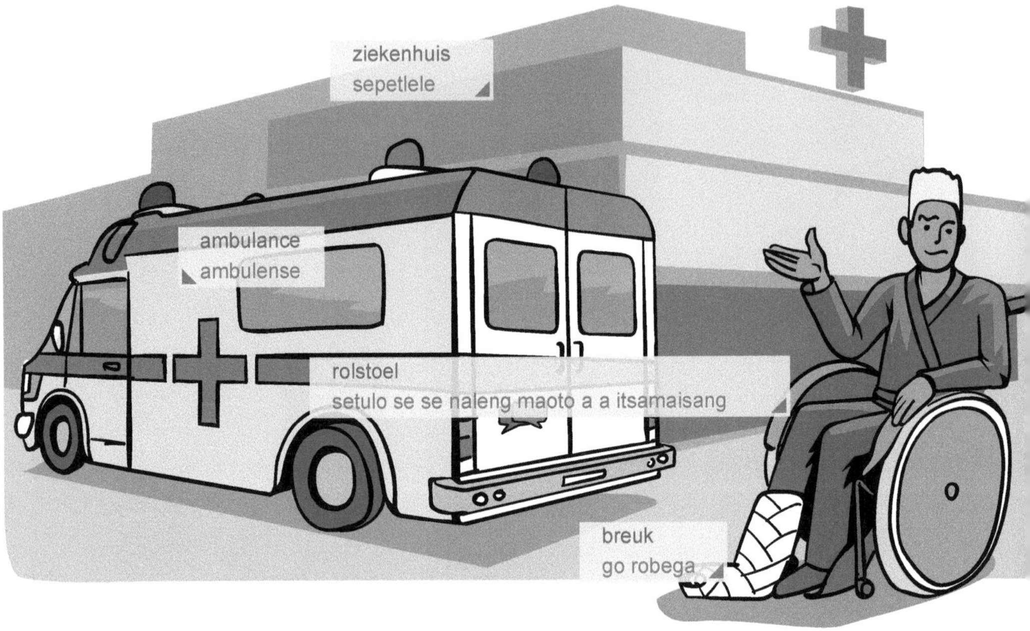

ziekenhuis
sepetlele
ambulance
ambulense
rolstoel
setulo se se naleng maoto a a itsamaisang
breuk
go robega

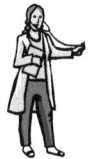

dokter

ngaka

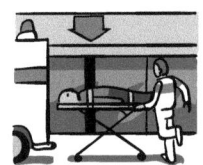

spoed

phaphosi ya tshoganyetso

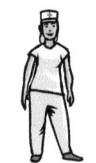

verpleegkundige

mooki

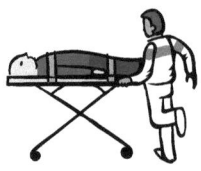

noodgeval

tshoganyetso

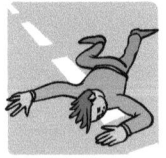

bewusteloos

idibala

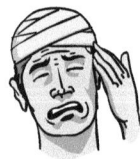

pijn

setlhabi

verwonding
....
kgobalo

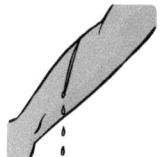

bloeding
....
go dutla madi

hartaanval
....
tlhaselo ya pelo

beroerte
....
setorouko

allergie
....
bolwetsi

hoest
....
go gotlhola

koorts
....
fulu

griep
....
fulu

diarree
....
letshololo

hoofdpijn
....
opiwa ke tlhogo

kanker
....
kankere

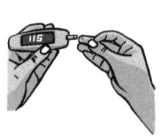

diabetes
....
sukiri ya mmele

chirurg
....
moari

scalpel
....
sekalepele

operatie
....
karo

CT

CT

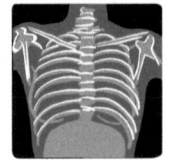

röntgenstraal

x-ray

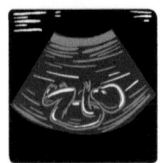

ultrageluid

motšhini wa go leba mo mpeng

gezichtsmasker

sesira sefatlhego

ziekte

twatsi

wachtkamer

phaposi boletelo

kruk

dithobane

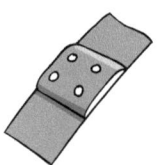

pleister

polasetara

verband

sefapho

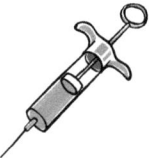

injectie

lemao

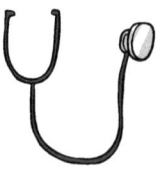

stethoscoop

setetosekoupu

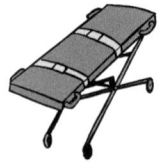

brancard

seteretšhara

thermometer

themometara ya bongaka

geboorte

pelegi

overgewicht

bokima jwa mmele

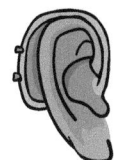

hoorapparaat

sedirisiwa sa go thusa go utlwa

ontsmettingsmiddel

sesireletsa dintho

infectie

tshwaetso

virus

mogare

HIV / AIDS

HIV / AIDS

medicijn

melemo

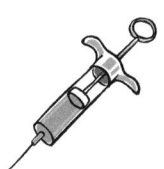

vaccinatie

mokento

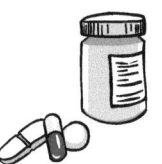

tabletten

thabolete

pil

pilisi

noodoproep

mogala wa tshoganyetso

bloeddrukmeter

motšhini wa go ela tlhoko kgatelelo ya madi

ziek / gezond

lwala / itekanetse

Help!

Thusa!

alarm

alamo

overval

tshotlako

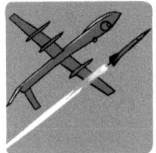

aanval

tlhasela

gevaar

kotsi

nooduitgang

kgoro ya tshoganyetso

Brand!

Molelo!

brandblusser

setima moleleo

ongeval

kotsi

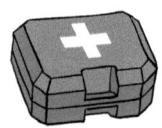

EHBO-kit

khiti ya go thusa ka dikgobalo

SOS

SOS

politie

lepodisi

Europa

Yuropa

Noord-Amerika

Bokone jwa Amerika

Zuid-Amerika

Borwa jwa Amerika

Afrika

Aforika

Azië

Asia

Australië

Australia

Atlantische Oceaan

Atlantic

Stille Oceaan

Pacific

Indische Oceaan

Lewatle la India

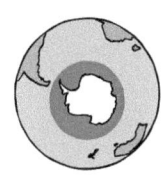

Antarctische Oceaan

Lewatle la Antarctic

Arctische Oceaan

Lewatle la Arctic

Noordpool

Bokone

Zuidpool
....
Borwa

Antarctica
....
Antartica

aarde
....
Lefatshe

land
....
lefatshe

zee
....
lewatle

eiland
....
losi lwa lewatle

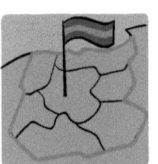

natie
....
lotso

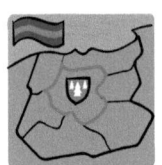

staat
....
boemo

wijzerplaat

lentle la tshupanako

uurwijzer

letsogo la ura

minuutwijzer

letsogo la metsotso

secondewijzer

letsogo la metsotswana

Hoe laat is het?

ke nako mang?

dag

letsatsi

tijd

nako

nu

go ne jaanong

digitale horloge

tshupanako ya dijithale

minuut

metsotso

uur

ura

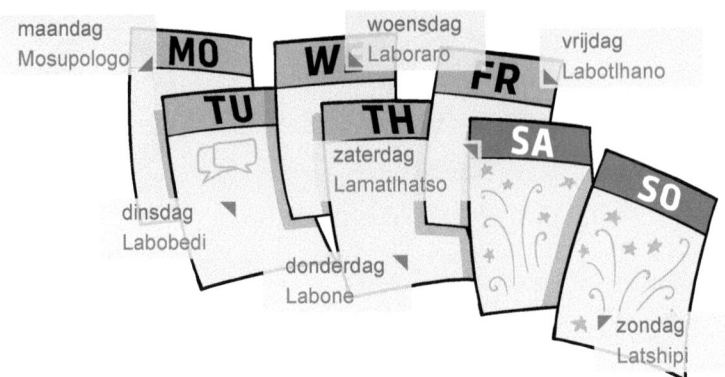

maandag
Mosupologo

woensdag
Laboraro

vrijdag
Labotlhano

zaterdag
Lamatlhatso

dinsdag
Labobedi

donderdag
Labone

zondag
Latshipi

gisteren
maabane

vandaag
gompieno

morgen
kamoso

ochtend
moso

middag
thapama

avond
maitseboa

werkdagen
malatsi a tiro

weekend
mafelo a beke

regen
pula

regenboog
motshe wa badimo

sneeuw
letlhwa

wind
phefo

lente
dikgakologo

herfst
letlhafula

zomer
selemo

winter
mariga

4.APRIL	11°	☀
5.APRIL	4°	☁
6.APRIL	13°	☂
7.APRIL	8°	❄
8.APRIL	10°	❅

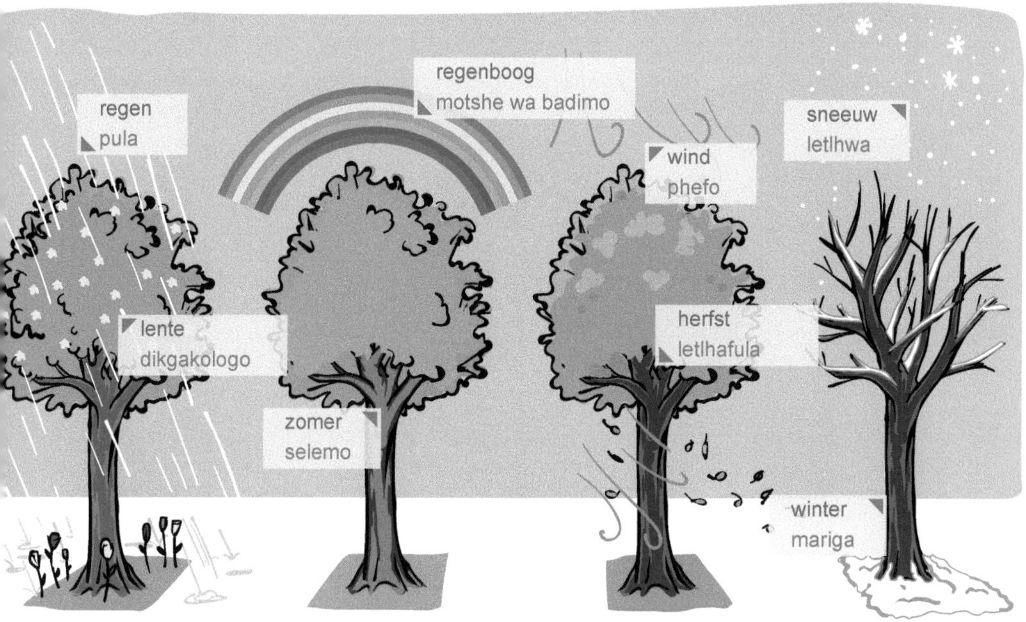

weervoorspelling

botsogo jwa loapi

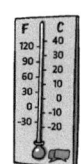

thermometer

themomithara

zonneschijn

letsatsi

wolk

leru

mist

mouwane

vochtigheid

humidity

bliksem

legadima

donder

modumo wa maru

storm

matsubutsubu

hagel

sefako

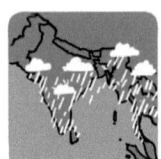

moesson

monsoon

overstroming

morwalela

ijs

aese

januari

Ferikgong

februari

Tlhakole

maart

Mopitlwe

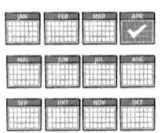

april

Moranang

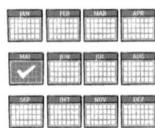

mei

Motsheganong

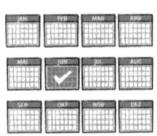

juni

Seetebosigo

juli

Phukwi

augustus

Phatwe

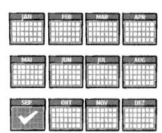

september
....
Lwetse

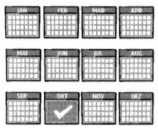

oktober
....
Diphalane

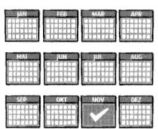

november
....
Ngwanaatsele

december
....
Sedimonthole

vormen
dipopego

cirkel
....
kgolokwe

kwadraat
....
khutlonne

rechthoek
....
khutlonnetsepa

driehoek
....
khutlotharo

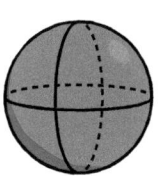

bol
....
khutlo

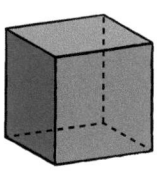

kubus
....
khiubu

wit

tshweu

geel

serolwana

oranje

mmala wa namune

roze

pinki

rood

khibidu

paars

bohibidu jo bo mokgona

blauw

pududu

groen

tala

bruin

tshetlha

grijs

tshetlha

zwart

ntsho

veel / weinig

go le gontsi / go nnye

boos / kalm

go kwata / go ritibala

mooi / lelijk

montle / maswe

begin / einde

tshimologo / bofelo

groot / klein

tonna / nnyane

licht / donker

lesedi / lefifi

broer / zus

abuti / ausi

proper / vuil

phepa / leswe

volledig / onvolledig

feletse / go sa felela

dag / nacht

motshegare / bosigo

dood / levend

o sule / o a tshela

breed / smal

bophara / tshesane

eetbaar / oneetbaar

ya jega / ga e jege

kwaadaardig / vriendelijk

bosula / molemo

opgewonden / verveeld

go itumela thata / go se itumele

dik / dun

nonne / tshesane

eerst / laatst

ntlha / bofelo

vriend / vijand

tsala / sera

vol / leeg

tletse / lolea

hard / zacht

thata / bonolo

zwaar / licht

bokete / motlhofo

honger / dorst

tlala / lenyora

ziek / gezond

lwala / itekanetse

illegaal / legaal

dumelesega / dumeletswe

intelligent / dom

botlhale / sematla

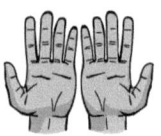

links / rechts

molema / moja

dichtbij / veraf

gaufi / kgakala

nieuw / gebruikt

sesha / ya kgale

niets / iets

sepe / sengwe

oud / jong

mogolo / mosha

aan / uit

tsenya / tima

open / dicht

bula / tswetswe

stil / luid

tidimalo / modumo

rijk / arm

khumo / lehuma

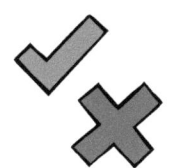

juist / fout

siame / phoso

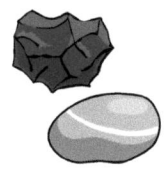

ruw / glad

ditlhotlhori / borethe

droevig / blij

hutsafetse / itumetse

kort / lang

khutshwane / telele

traag / snel

bonya / bonako

nat / droog

metsi / omile

warm / koud

mololo / tsididi

oorlog / vrede

ntwa / kagiso

0

nul

lefela

1

één

nngwe

2

twee

pedi

3

drie

tharo

4

vier

nne

5

vijf

tlhano

6

zes

thataro

7

zeven

supa

8

acht

robedi

9

negen

robonngwe

10

tien

lesome

11

elf

some nngwe

12

twaalf

some pedi

13

dertien

some tharo

14

veertien

some nne

15

vijftien

some tlhano

16

zestien

some thataro

17

zeventien

some supa

18

achtien

some robedi

19

negentien

some robonngwe

20

twintig

masomamabedi

100

honderd

lekgolo

1.000

duizend

sekete

1.000.000

miljoen

milione

Engels

Sejatlhapi

Amerikaans Engels

Sejatlhapi sa Amerika

Chinees (Mandarijn)

se-China

Hindi

se-Hindi

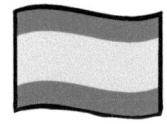

Spaans

se-Spanish

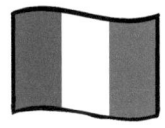

Frans

se-For a

Arabisch

se-Araba

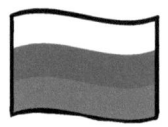

Russisch

se-Russia

Portugees

se-Potokisi

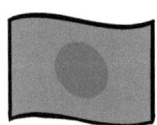

Bengali

se-Bengali

Duits

se-Jeremane

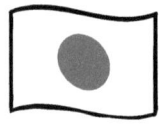

Japans

se-Japane

ik

Nna

u

wena

hij / zij / het

ene / ene / sone

wij

re

u

wena

ze

bone

wie?

mang?

wat?

eng?

hoe?

jang?

waar?

kae?

wanneer?

leng?

naam

leina

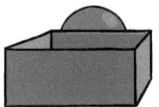

achter

mo morago

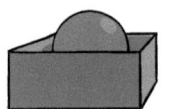

in

mo

voor

fa pele ga

boven

godimo

op

mo

onder

fa tlase

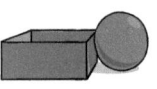

naast

mo thoko

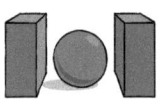

tussen

magareng

plaats

lefelo